이춘원 제6시집

해바라기

序詩

한 송이
해바라기이고 싶다

통 크게 웃어
세상을 환하게 밝히는,
어둠에서 빛을 바라고
헝클어짐 속에서 길을,
눈물 속에서 환한 미소를
절망의 땅에 희망을 움틔우는

한 송이
해바라기이고 싶다

내가 웃어
그대 가슴에 기쁨이 되고
은빛 물결 이는 빛이 되는
햇빛 같은 웃음이고 싶다

제1부 자작나무숲에서

제2부 물푸레나무

제3부 단양 가는 길

제4부 하늘나무

제5부 푸른 별

제 1 부

자작나무숲에서

달무리

밤하늘에
외로운 그림자 하나
머언 기억 속의
이름 하나 걸머지고
길을 간다

달무리
달 있어 존재하는
또 다른 달하나

그대 있어
파란 하늘 품고 사는
나는,
그대 곁을 영원히 맴도는
그대무리

별을 찾는 것은

우리가
별을 찾는 것은
그리움의 실체를
확인하고 싶은 것입니다

까만 밤하늘
그대 향한 그리움이
머무는 곳

우리가 별을 찾는 것은
그곳에서
그리움의 꽃 한 송이
피우고 싶은 것입니다

삼월에 내리는 눈

삼월의 함박눈이
온 세상을 하얗게 덮었습니다

지난겨울의 잔재들,
우리를 아프게 했던 강풍의 날카로움과
가슴을 후벼 파던 슬픈 추억의 흔적들,
사랑 없음으로 괴로워하던 아픔까지도
온전히 덮어버리고
오로지 순수와 진실 하나로
밤새 함박눈이 내렸습니다

삼월의 눈은
거룩한 사랑입니다
이 땅의 허물을 덮어주는
용서와 사랑입니다

자작나무숲에서 1

내가 사는 땅은 꿈꾸는 마을
종아리가 하얀 미인들이
옹기종기 모여 사는
아름다운 숲이 있는

자작나무 숲에
이월이 휑하니 지나가고
겨울의 꼬리를 물고 오는 바람이
상긋거리는 날

하늘은
한겨울을 하얗게 지켜온
그 높은 절개가 가상하여
자작나무 사이사이로
연둣빛 물감을 풀어
초록별 웃음을 한 움큼 뿌리며 간다

자작나무숲에서 2

빛을 잃은 겨울나무는
제아무리 우람하다 해도
거무튀튀한 형상이
삶의 고뇌다

한줄기 빛이
가슴을 파고드는 순간
가볍게 몸살을 하고
어둠의 흔적을 툭툭 털어내는
자작나무가 빛을 옷 입는
삼월

나는 이월의 나무
빛을 등지고 서 있는,
아직은 씻겨지지 않는 상처가
까만 흑점으로 꿈틀대는

자작나무숲에서 3

한겨울 내내 종아리 드러내 놓고
찬바람 사이에서 하얗게 서있더니
세상이 온통 푸르른 날
아직도 맨다리가 애처롭구나

오월, 어느 날
아, 너는 끝내 외로움을
소망으로 피워 올렸구나

하늘이 내려주신
연초록 모자 쓰고
빛나게 웃고 있구나
팔다리에 솟아나는 생기가
푸르게 푸르게 물결치는구나

시련의 세월일망정
기품을 잃지 않고 살아온 너
오월의 상큼한 웃음을
저리 환하게 웃고 있구나

그대 찾아 가는 길

길게 늘어진 강줄기를 거슬러
그대 찾아 떠난다

뿌옇게 피어오르는 안개너머
붉은 해 솟아오르는 동방으로 동방으로
눈부신 그리움에 가슴 메이는
오직 하나,
그대 향한 마음으로 길을 떠난다

금빛 비늘 가득한 강물 위에 기쁨이
연초록 나뭇잎은 새록새록 반갑고
꿈결인 듯 다가오는 봄꽃의 흔들림은
어서 오시라 손짓하는 그대 숨결이라

불같은 그대 가슴에
시린 몸 푹 안기고파
조팝나무 꽃 하얗게 흔들리는
그리움의 길을 달려

오로지, 오로지 그대만을 찾아
길을 떠난다

겨울바다와 동백꽃

오랜 세월 폐병을 앓은
중년의 사내는
헛헛한 모습으로
겨울바다를 바라보고 있다

태곳적부터 숙명으로 살아온
파도의 밀고 당김의 역사는
끝없는 인내와 성실함이 쌓아온
바다의 힘이었는데

오늘,
온몸을 부수며 드리는 고백을 뒤로한 채
산화하는 사랑의 흔적이여
하나를 잃어 모두를 아파하는
바다의 낯빛은 저리도 쓸쓸하고

하얀 눈밭에
툭 떨어지는 동백꽃 한 송이
누구의 심장이기에
저리도 붉은 것이냐

또 하나의 사랑이라는

바람이 심하게 부는 날
난간 위에 서서
양팔을 넓게 벌리고
온 몸으로 바람과 맞서는

날이 선
작두 날 위에서
영험(靈驗)을 시험하는 무녀처럼

결코,
다시 오지 않는
냉정한 시간의 씨줄위에서
내 하나의 삶을 온통 걸어놓고
또 하나의 사랑이라는
위태위태한 춤을 추고 있다

빛의 반사

유월의 나뭇잎이
초록빛으로 눈부신 날
빛의 존재를 생각합니다

수많은 빛의 실상 또는 허상
빛의 진실은 어디에 있는가
버리고 받아들이는 선택의 역사
나뭇잎은 초록빛을 되돌려 보내고

빛의 반사,
세상에 떠도는
버림받은 빛의 조각들
내 눈이 문을 여니
초록빛 소망이 된다

세상에 버림받은 존재들
다독여 품에 안으면
소망이,
사랑이 되는 것을

* 나뭇잎이 광합성작용을 하는데 필요 없는 빛은 반사를 한다.
  초록빛은 우리 눈으로 인식되는 그 반사된 빛이다.

풍경 같은 사람

통유리 창가에 앉아
언제나 변함없는 사람을
생각합니다

진중한 내심
침묵의 웅변으로 감동을 주는
등 넓은 바위

가장 낮은 자리에서
보라색 순결로 피어나는
들꽃 몇 송이

평화와 감동이 펼쳐지는
한 폭의 풍경화

언제나 곁에 있어
기쁨이 되고 사랑이 되는,
그리움이 되는
풍경 같은 사람

꿈이 아름다울 때

하늘에서
별이 쏟아지는 거야
크고 작은 빛이
하늘 가득 쏟아지는 거야

삶은
꿈을 꾸는 거야
별이 쏟아지는 밤
가슴에 별 하나 품고 사는 것이
이 땅의 행복인 거야

꿈은
하나의 작은 점을 향해
소원의 물결이 회오리쳐 올라가는 거야
꿈은, 이루어지길 기다릴 때
그 때가
가장 아름다운 거야

구월의 맨드라미

구월의 뜨락에
선홍빛 맨드라미가
맹렬한 불빛으로 타오르고 있습니다

붉은 깃 세운 맨드라미를 보며
지난(至難)한 삶의 흔적을 생각하는 사람,
사랑하므로 사랑하므로 아프다고
너무도 아프다고
내내 타오르는 불꽃 하나 있습니다

손을 내밀어 가만히 안고 다독입니다
주르륵 흐르는 눈물이,
세월을 인내한 까만 보석이
사르륵사르륵 쏟아져 내립니다

타오르다 타오르다
검은 재가 가슴에 박히는 날
허다한 생명을 잉태하는 기쁨입니다

구월의 뜨락에는
아직도
타오르는 사랑하나 있습니다

이별

언젠가 헤어져야 할 운명이라면
너의 모습이
아직은
곱다 여겨질 때
헤어짐도 의미 있는 일

언제나
기억될 아름다움을 위하여
아직은 아니라 할 때
너를 보내주는 것은
나를 위한 것이 아니라
행복한 추억 속에 묻혀 살

먼 미래의
너를 위한 것

외도에서

누구를 기다리느라
곱게 단장하고
해풍을 맞고 사는가

밖으로 나돌아
외로운 섬이 되었나
상심한 자 찾아드는 곳에
천국의 계단을 내려놓고
젖가슴을 풀어놓은 섬

기다림이 기쁨이구나
바다의 한 가운데서
오늘도 잠잠히 기다리는 섬
푸른 바다의 속 깊음을 닮은
외도의 뱃길은
고독한 땅에서 행복의 문으로
들어서는 길

바다

바다는
철부지 사랑이다

제멋대로 밀려왔다
멋쩍어 뒷걸음치는
바다는
숙맥 같은 사랑이다

미련에 젖어 또다시 밀려와
하얀 눈물 남겨두고 떠나는
바다는
가없는 사랑이다

바다는
이루는 사랑이다
가슴 깊이까지 적셔주고
오늘도 바라보는
바다는
속 깊은 사랑이다

백담사에 내리는 비

백담사 가는 길에
누구를 찾아오는 길인지
이슬비가 내려옵니다

오늘, 나는
그대 어깨에 사뿐히 내리는
비라면 좋겠습니다

백담사 가는 길에
그대 손 꼭 잡고
도란도란 이야기 나누는
나뭇잎이라면 좋겠습니다

그대 보고파 나서는 길
먼저 알고 내려오는
당신을 만나
참 행복한 날

빗방울을 세어봅니다
촉촉이 적셔오는 당신의
사랑을 세어봅니다

사랑의 무게

한 줌도 아니 되더라
그대 향한 열망도
꿈도
한낱 검불데기 만도 못하더라

목숨 같다던
사랑도
한 개비 담배연기 보다
더 가볍더라

바람 한 줄기에도
끝내 흩어져
있는 듯 사라져가는
허망한 신기루더라

사람이 그리워지는 계절

달려온 날들이
그림자로 남아 쓸쓸한 날이면
사람이 목말라집니다

열매와 기쁨
만남과 사귐, 사랑과 그리움도
한낱 스치는 바람이라고 생각될 때
가슴의 허전함을 채워 줄
그런 사람이 그리워집니다

어디엔가 그 사람 있다는,
사실하나만으로도 위로가 되는 사람
가끔은,
잘 짜여진 일상에서 엇나가거나
흔들림 속에서 외로움을 느낄 때
생각만 해도 마음이 잔잔해지는 사람

그가 내가 되고
내가 그가 되는
그런 사람이 그리운 계절입니다
가을은

남산에서 불어오는 바람

어젯밤에는
남산에서 내려오는 바람과
그리운 사람의 목소리가
아름다운 하모니를 이루는
옛 노래를 들었습니다

나무 아래 누워서
보름을 갓 지난 달이
구름길을 유유히 걷는 것을 보았습니다

멀리 별이 몇 개보입니다
긴 세월
그리움에 지친별이 노래를 부릅니다
한여름 밤의 무게를 넘어
조용조용 노래를 부릅니다

야윈 별을 바라보는 달은
구름 뒤에서 숨죽여 흐느끼나 봅니다
나뭇가지 새로
바람이 흔들립니다

제 2 부

물푸레나무

물푸레나무

물푸레나무 아래
푸른 바람이 분다

샘물에 담그면
푸레푸레 물푸레
푸른빛이 번진다는
물푸레나무

그대 가슴 가득
푸른 소망의 빛 여울질
물푸레 가지하나 손에 들고
내려오는 길

휘파람소리가
잠자는 숲을 깨운다

봉선화

달빛이 뜰에 내리는
오늘 밤
누나가 생각납니다

열여섯 앳된 나이에
집채만 한 베틀에 앉아
씨올담은 날랜 북
주고받던 누나의 손끝에
언뜻 보이던 여린 분홍빛이
생각납니다

담 밑에 다소곳이
피어 있는 봉선화

수줍은 열여섯 누나가
환히 웃고 있습니다

백일홍

꽃대 하나에
나의 꿈을 걸었어요

백날이 길다고
말하지 마세요

그대 향한 사모의 정은
백날이 더 있어도

또 다시
백날이
목마르답니다

참나리

달섬에
달이 떠난 날
눈물이
뜨락에 흥건하다

사월의 모란은
그녀를 안고 떠난 뒤
진녹빛 치마저고리
저리 슬픈데

너 만의 아픔 아니다
가슴에 흑점으로 박힌
흔적을 들어내며

웃고 있다
나는, 참 슬퍼서
웃는다

해바라기

내 모습이
해님을 닮아
빛을 잉태한 삶이 되고
언제나
밝은 미소로 벙글거릴 수 있는
그 즐거움보다

내가 웃어
그대 가슴에 기쁨이 되고
은빛 물결 이는
빛이 되는 것이

나를 보면 행복하다는
그 말씀이
나의 기쁨이요
행복이요
함박웃음이랍니다

고추잠자리

은빛 날개 달고
광활한 우주를 비행하는
너는,
하늘빛 자유

하늘에서 내려온 작은 별들
단풍나무 가지에 잠들다
발그스레한 볼에
가을은 깊어가고

석양하늘 맴돌던 고추잠자리
싸리나무 울타리에 앉아
붉은 꼬리로 중심을 잡아가는
가을빛 겸손

입춘소식

땅은
꽁꽁 얼어붙은 가슴을 부둥켜안고
긴 겨울 강을 건너
이제는 스스로 몸 풀어
생명을 잉태케 하는 눈물이 된다

멀리 제주에는
움켜쥐어 가슴앓이 하던
그리움의 꽃
영춘화(迎春化) 울음 터뜨린 소식

봄은
하늘이 내린 소망의 약속

바다건너 봄소식
일어서서 맞이하려는 데
봄 향기가 먼저
가슴으로 선뜻 들어선다

* 영춘화(迎春花)는 봄을 맞이하는 꽃이라는 뜻으로, 이름 그대로 봄이 오면 제주도 등 남녘에서 제일 먼저 노랗게 피는 꽃

4월의 라일락 앞에서

오밀조밀 가지 끝에
하얀 꽃망울
터질 듯 터질 듯
옹그리고 있습니다

그대가 들려주고픈
못 다한 고백 하나
숨겨 있는 듯

비 오시는 날 처마 밑에서
떨어지는 빗방울만 헤아리던
열일곱 순이의 수줍은 마음이
알알이 맺혀 있는

오늘은
그 아이의 달뜬 목소리가
소곤소곤 들리는
4월의 라일락 앞에서
소녀의 입맞춤을 기다립니다

함박꽃

비 내리는 4월 어느 날
진자줏빛 함박꽃이
함초롬히 비에 젖는 모습을 봅니다

오늘은, 비에 젖으나
그 마음 잃지 않아 저리 웃을 수 있으니
그 이름, 함박꽃이라

함박꽃은
내면에 웃음이 가득
기뻐도 웃고 슬퍼도 웃을 수 있는
넉넉한 웃음보따리 하나
간직하고 사는

밝은 날은 낮빛이 웃음이더니
먹구름 이는 날 하염없이 눈물짓는
내 마음에는 무엇이 살까

'항상 기뻐하라' ①신 말씀을 따라 사는
함박꽃을 바라보며
함박꽃처럼 웃어보는 오늘입니다

① 신약성경 데살로니가전서 5 :16 말씀

꽃

평온을 깨는 울림이다
안온함을 찢어
비명을 지르는
가냘픈 외침이다

찢어지는 아픔 없인
생명이 없는 것
가슴을 갈가리 찢어
붉은 꽃잎하나 창조해 내는 것

사랑은 꽃이다
굴레 씌움에서 자신을 내던질 때,
가슴을 북북 찢어 비명을 지를 때
꽃이 되는 것

꽃은
아픔이다
아픔이 승화된
사랑의 결정이다

단풍

느티나무 정수리에
꽃이 피었어요
울긋불긋
꽃이 피었어요

어느 날
잘 익은 가을햇살 머금어
행복이고
기쁨이고

평생가도 꽃이 없는
느티나무 정수리에
세월의 흔적이
빨갛게 물들어 있어요

꽃다지

한 송이 꽃으로 태어나
한 날의 기쁨이 되기보다는
둥그스름한 세상을 품은
한 덩이 호박이 되고 싶어요

돌담장 위에서 햇볕을 살라먹는
한 철의 둥그런 호박이 되기보다는
꿈을 두고 떠나는
별이 되고 싶어요

하늘에 올라
푸른 세상을 내려다보는
아름다운 별,
영원한 빛이 되고 싶어요

* 꽃다지 : 가지, 오이, 호박 따위의 맨 처음 열린 열매로 다른 열매가 튼실할 수 있도록 바로 따내는 열매.

소철이 피운 꽃

제주 분재예술원에서이다
붉은 암덩어리를 품고도
행복해하는 너를 만난 것은

터져나갈 것 같은 돌기가
몸을 산산조각 만들 것 같은데
소중한 보물인양
정성으로 감싸고 보호하는

초겨울 쌀쌀한 해풍이 불어오는 날
처마 밑에서 너울너울 춤추는 모습이
어찌나 행복해 보이는 지

오장육부 어디 하나 마다않고
더불어 살자하는 암덩어리에 끌려
고통과 회한 속에 먼 길 떠나는
길손을 보았다

몸에 핀 꽃이라면
섣불리 꺾으려 말고

솜털 같은 보드라운 사랑으로,
감사함으로 피울 수 있다면

소철은,
그렇게 자신을 꽃 피워내고 있다

* 소철의 암꽃은 원줄기 끝과 잎 중간에 둥그런 공모양의 꽃을 끌어안듯 피운다

석양

세상을 향한
타오르는 열정과

언제나
내일을 기다리는 소망
초록빛이 만나는 점에서

소멸이 아닌 생성의
아름다운 노을을 본다

강아지와 눈과 별

하늘에서
하얀 눈이 무더기로 쏟아지던 날

강아지 한 마리가
깡충 뛰어올라
별 하나를 삼키려한다

어쩌면, 또 한 마리 강아지별이
지구별로 여행 오는 날
기쁨으로 맞이하는 몸짓인지도

선한 사람들
병술년(丙戌年) 강아지 해에
어여쁜 강아지 꿈
이루어 주시라 이루어 주시라
기원 담아
'눈을 맞이하는 강아지'
일백육십만 마리를
온 세상이 하얗게 풀어놓았다

* 2005. 12. 1. 우정사업본부에서는 2006년 병술년 개의 해를 맞아 '눈을 맞이하는 강아지'를 소재로 기념우표 160만 장을 발행함.

마니산

강화 섬에
봄바람 불어와
마니산이 마음을 열었습니다

사도세자, 그 외로운 삶의
그림자가 남아 있는 강화도
세자가 떠난 후에도
강화를 지키는 듬직한 장수
마니는

강화의 들을,
백날을 파고 뒤엎어도
다시 흙으로 돌아가는,
고단한 삶을 지키는 외로운 장수

벌거벗은 나무들 초병으로 세워두고
오늘도 어엿이 삼월의 바람을 막아서는
듬직한 의지로 서 있습니다

가을 창가에서

가을향기를 가득 담은 황국(黃菊)이
나무등걸을 의지한 채
아름답게 피어 있습니다

절제된 삶의 경계에서
주어진 만큼의 뿌리를 뻗고
순종과 겸손이 어우러진
행복을 꽃 피우고 있습니다

곱게 빚은 청자분에서
환한 얼굴로 빛나는 노란 꽃잎은
가을의 기쁨입니다
그윽한 내면의 향기로 살며시 다가서는

어여쁜 그 사람이
종일을 웃고 있습니다

꽃이 아름다운 것은

꽃이 아름다운 것은
스스로를 위하여 향기를
내지 아니함이요

꽃이 아름다운 것은
자신만을 위해 미소 짓지 않고
온 세상을 향한 웃음으로
서 있는 것입니다

세상을 밝히는 향기로
늘 주고도 바라지 않는 마음,
그 마음이 꽃의 마음입니다

사랑은 꽃입니다
베풀고 제 마음을 지키는
사랑이어야
아름다운 꽃이 되는 것입니다

오월

아침 출근길
늘 푸른 소나무에서
오월의 빛을 봅니다

바람에 흔들리는 부드러운 솔 싹
그 순수함
풋풋한 솔 향을 나누어주는
너그러움

송홧가루 날리는
오월의 아침

상긋함으로 소망을 그려가는
오월의 나무들과
그들을 키우시는 오월의 하나님
그 푸른 정신이

하루하루
푸른빛을 더하는 오월

생명의 빛

2005년 4월 5일
양양에서 시작한 산불이
천년사찰 낙산사를 삼킬 때
녹아져 내리는 동종(銅鐘)은
무너지는 세월의 눈물이었다

너도 잊고
나도 잊고
산도, 나무도 잊혀져가는 날

검게 그을린 소나무 둥치에서
초롱초롱한 눈매로
초록빛 새순이 고개를 내민다

불길 속에서 간직했던
거룩한 사랑의 흔적이,
어미의 숭고한 정신이
생명의 올 하나 틔워 올리니
생명의 빛이 하늘아래 푸르구나

* 2005. 4. 5일에 강원도 양양 산불로 천년사찰 낙산사가 소실된 후, 3개월 뒤에 검게 타버린 소나무 둥치 밑에서 놀랍게도 파란 아기소나무가 자라는 모습을 보다.

제 3 부

단양가는 길

홍성장터

홍성장, 으슥한 골목길에
토란을 깎고 있는 할머니
투박한 손이 허옇게 불어있다

온 몸이 퉁퉁 불어 있는 토란을
바라보는 할머니 눈이 부어있다
'늙으면 왜 눈부터 이리 침침한지'
한평생 허리 쉼 한번 못하고 살아도
박복한 인생이 주어진 길인 줄 알아

어두운 흙속에서 살아 온
가슴 아린 토란
거무튀튀한 그 옷을 벗기고
말갛게 씻어주는 정성은
어쩌면, 살아온 당신 삶의
아픈 흔적들을 지우는 것인지도

주름진 얼굴에서 따뜻한 시선이 떨어진다
토란의 생을 곱게 만들어가는,
할머니의 눈빛이
홍성장터에 촉촉하게 녹아있다

행복

아름다운 꽃을 보면
눈이 즐겁고
향기고운 꽃을 만나면
마음이 기쁘다

행복한 삶이란
함박웃음 짓는,
언제나 어디서나
함박함박
웃을 수 있는

함박꽃 한 송이
가슴에 품고 사는 것이다

짚신

한 오라기 짚으로 일어서서
몸을 맞대어 꺾이고 휘어져
서로에게 힘을 실어주는
거룩한 희생으로

세상을 주유(周遊)하는
꿈을 이루어내는 구나

가장 낮은 자리에서
밟히고 끌리어
온 몸이 다 닳을 때까지
묵묵히 참고 사는 삶이

이 땅에서
내가 살아가야하는
삶의 길이요
하늘을 향해 걸어가는
나의 인생여정이 아닌가

풀무불 앞에서

왜 그리도
힘들게 하는 지
너무도 뜨거워 몸부림치는
아우성은
허무하게 돌아오는 메아리

붉게 녹아지는 몸
쇠망치로 다져지는 고통
풀무는 돌아돌아 영혼을 부르고
다시 그 뜨거운 불 속에서
아우성은 핏빛으로 녹아지는

세상에서
이 한 몸 지키기 위해
끝없이 달구어지는 몸
그 뜨거움으로
세상을 바라보는
슬픈 몸뚱아리

세월의 향수

—남대문시장의 지게—

이제는,
낡아진 몸으로
세월을 기다리기에는
늦가을 새벽바람이
너무 매서워

밤새 억누르는 삶의 잔재를 지고
비틀거리는
오늘도, 저물어가는 거리에서
갈 곳을 찾는 또 다른 삶의
무게를 기다리는

남은 삶의 길이와
흘러가는 세월 속에서
흔들려 떠는 정신으로
그렇게 남대문시장 모퉁이에
버티고 서 있다

나는 오늘도 신열을 앓는다

봄비에
검게 젖어드는 흙속에서
웅성거리는 소리가 들린다

깊은 어둠속에서
아픔을 삭혀 연둣빛으로 밀어 올리는
저 작은 생명의 울림을 들으며
나는 소망보다 깊은 절망을 앓는다

이미 빛을 상실한
내 복중 깊은 곳에 또아리를 튼 채
오늘도, 자근자근 빛을 잘라먹고 사는,
나의 순수와 가엾은 정신을 갉아먹는
능구렁이 한 마리

봄날이 연둣빛이 너무 멀어
나는, 오늘도 이월의 거리에서
신열을 앓는다

백미러

곱게 정돈되지 못한 풍경을
여과 없이 보여주는
쓸쓸한 초겨울 들판에서
다가오다 아득히 밀려가버리는
세월의 흔적을 본다

잡힐 듯 잡히지 않는
빛바랜 흑백사진이
기억의 저 편으로 펄럭이는

나는, 백미러
한 치의 앞을 볼 수 없는
과거지향주의자

순간순간 다가오는 꽃다운 풍경
가슴에 한번 품어보지 못한 채
흘려 흘려보내고
나의 길과 희망과
삶의 가치가 흔들리며 밀려나는 것을
망연히 바라만 보는

톱날

평화스러운 시골장터라지만
긴장을 풀고 살 수는 없는 세상
살을 깎고 다듬어
날카로운 이빨을 드러내야하리

스르륵 스르륵
줄의 빗금을 거슬려
강철 같은 의지를 빛내야하리

어느 날, 눈앞에 버티고 서있을
거목을 향해
물러서지 않는 용맹으로
파고들어야할 때를 위해

날이 선 세상에서
망각되어가는 존재를 지키기 위해
서슬 퍼렇게 날을 세워
하루하루를 살아야 하리

겨울나무

하얀 공간에
나무 두 그루가 서 있다

바람과 바람 사이에
내가 벗을 때
벌거벗은 그가
곁에 서 있다

하늘이 하얗게 무너져 내리는 날
몸서리치는 떨림이 있을 때
나는 나를 벗어 던지고
또 다른 나를 찾아 나선다

내 혼이 떠나도
한 그루 나무는
하얀 겨울중간에 그렇게 서 있고

삶의 무게

나의 옷은
오늘을 사는 삶의 무게

유채꽃 활짝 핀 4월에는
노랑나비 날개옷을 입어야 하리

먹장구름 세상을 향해 아우성치는 날
흠뻑 젖어버린 무게로
넘어지고 일어서 비틀거리다가
또 다시 넘어지고

눈보라 속에서 입던
두꺼운 외투, 선달의 무게로는
이 시절을 견디지 못하리

두 어깨에 짊어진
질퍽한 욕심을 벗어던지고
삶의 무게를 하나하나 덜어내는

복사꽃 활짝 핀 새 봄에는
속살까지 환히 보이는
가벼움의 옷을 입어야하리

하늘에는 반달이

어느 상가(喪家)에서 문상을 하고
상주의 인사를 받으며 나서는 데
얌전히 벗어놓은 구두가 보이지 않는다
헐렁헐렁한 삶의 긴장이
이마에 송글송글 땀방울로 맺힌다

하늘에는 반달이 비스듬히 누워있다
맑은 호수로 내려 온 반달을 보며
어딘가 남아 있을 절반의 나를 생각한다

수많은 만남과 헤어짐의 역사
몸과 마음이 하나 되어 쌓아온
그날들의 추억
돌이킬 수 없음에 후회는 병이되고
원망과 집착은 가슴앓이로 남아있는

이 밤에
멍하니 하늘을 바라보니
나의 반쪽이 하늘에 떠 있구나
호수에 풍덩 빠져 허덕이고 있구나

전광판

한 순간에 사로잡아야 해
순간을 사는 사람들
그 발걸음을 멈추지 못하면
아무 가치가 없는 거야

순간적으로 가슴에 꽂히는
화살이 되어야 해
일초의 시간에
화악 잡아 흔들어야 해

스무 살 어린 선수의
발끝을 떠난 축구공이
꼴망을 흔들 듯
그렇게 세차게 흔들어야 해

그것이
네가 빌딩 꼭대기에서
바람을 맞는 이유인거야

* 2002년 한일월드컵 당시 스무 살이었던 박지성선수가
골을 넣는 전광판이 서울시내 곳곳에 설치되었다.

인생

이 세상 나올 때
스스로 울고 나오더니
이 세상 떠날 때는
사랑하는 사람 울리고 떠나는

그러나
자신이 울며 온 것도,
울음 속에 떠나가는 것도 모르고
홀연히 왔다가

안개처럼
사라져가는 것

기침

내 속에 숨겨진
남모를 아픔을
쏟아내는 것이다

진실을 향한
열망을
외치는 것이다

목을 간질이고
가슴을 울렁이게 하여
진실을,
진실을 토해내는 것이다

오늘 밤은
달이 너무 밝아
나는, 가슴이 아프다

창밖 풍경

세상을 향해 커다란 입을 벌리고
항상 대기 중인 광화문 지하도 속으로
오늘도, 많은 사람이 빨려들어 간다

지팡이에 몸을 의지한 할아버지
뒤뚱거리는 뚱뚱한 아줌마
한겨울이 무색한 미니스커트 아가씨
엄마 손에 영문도 모른 채 끌려들어가는
어린아이까지도

벌컥벌컥 삼켜버리는
창밖의 풍경

나는 회전문을 열고
그 보다 훨씬 큰 세상의 아가리 속으로
비틀거리며 빨려들어 간다

여전히 겨울바람이 창밖에 불고
창안에서는 또 다른 내가
창밖을 바라보고 있다

달팽이

비 오는 날
거리에 나서보면
외로운 사람들이 지천이다
나 하나만의 집을 머리에 이고
추적추적 내리는 빗길을 뚫고
어디를 가는지

함께 할 공간 하나 만들지 못하고
나만을 고집하다
흔들리다 흔들리다 뒤집히고 말
바람의 집 한 채 들고 가는
걸음이 위태하다

비 오는 날
촉촉한 논길을 건너가는
달팽이 한 마리
집 한 채 짊어지고 가는
겨운 삶을 물끄러미 바라보며

나는 오늘도
남루한 집 한 채 머리에 이고
노량진 육교 위를 건너가고 있다

봄비 그친 후에

봄비 그친 후에
바람이 붑니다
언뜻언뜻 비치는 햇살에
꽃잎이 환하게 웃고 있습니다

바람이 붑니다
비 오신 뒤 부는 바람에
꽃잎이 흩날립니다
떠남을 아쉬워하는 흔들림이 아닙니다
또 다른 삶을 위해 자리비우는
어여쁜 몸짓입니다

봄비 그친 후
바람 부는 날
누군가의 소망을 위해
바람에 나풀거리는
한 잎, 어여쁜 몸짓입니다

단양 가는 길

섣달로 가는 길이 가파른 날
산과 산사이로 뻗어 있는
단양 가는 길에서 인생을 본다

하나의 터널을 지나면
또 다른 터널이 이어지는
고난의 연속에서
잠깐씩 보이는 하늘이
참 낯설다

짧은 여정에
잊으며 사는 것이 왜 이리 많은지
내 자신만은 잊혀지지 않길
바라는 간절함이
너무 가엽다

가끔씩 보이는 하늘이
저리 우울한 이유를
이제사 알 것 같다

* 2006.11.30일 치매상담센터 종사자 워크숍 강의 (단양)가는 길에

분수

더 오를 수 없기에
하늘을 향해 더욱 기세를 올린다

다시 내려가야 하는 운명이라지만
지금은 올라가야 할 시간
순명의 자세로
물줄기를 쏘아올리고 있다

산을 오르며
내려갈 길을 생각하지만
지금은 산을 올라야하는 시간
그것이 나의 길이기에 산을 오른다

필경은
흙으로 돌아가는 길이지만
가쁜 숨을 몰아쉬며 오르는 이 길이
오늘 내가 가야할 길이기에
땀방울 씻으며 묵묵히 걸어간다

주어진
나만의 길이기에

굴절

팔공산에서 보는 사진 속의
당신은,
굴절된 빛의 모습으로 존재하는
검은 실루엣

음전한 모습
순수한 가슴에 굴절된 빛의 역사
진실과 거짓
오고가는 두 마음이 존재하고

곱게 다문 그대 입술이
빛바랜 핑크빛으로 보이는 날
빛의 흔들림은
마음의 상처로 남아

오늘은, 마음 가득
빛의 굴절이 일어나는 날
혼돈 속에
나는 슬프다

제 4 부

하늘나무

하늘나무

– 몽골선교를 떠나는 相爀이의 비전을 위하여 –

너의 눈빛이
저 바다를 푸르게 하고
너의 소망이
저 하늘을 불타게 하는구나

너는
한그루 하늘나무
푸른 잎으로 춤추며 찬양하고
피어나는 꽃의 정열로 사모하고
튼실할 열매로 감사를 드리는

너는
하늘의 나무
두 손 힘차게 들고
하늘 우러르는
하늘나무 한 그루

보리사리

어제는, 구름 낀 하늘이
한 줄기 빗소리로 다가오더니
오늘은, 맑아
파아란 하늘이네요

청보리 익어가는 계절
은빛 시냇가에서
돌돌돌 조약돌 구르는 소리
그 옛날 어린시절 생각나네요

동글동글한 동무들
푸르스름한 빛을 벗어가는 보리
두 손으로 비비고, 후후후 불어
한 입에 털어놓고 보니
고 녀석 입이 깜둥이가 되었네요

서로 손가락질하며
깔깔거리는 얼굴에
해님도 환히 웃고 있네요

어머니 생각

어머니,
우물가 장독대에는
코스모스 맨드라미가
당신의 숨결로 피어났지요

꽃처럼 사시던 당신은
벚꽃이 눈부신 사월의 길을
하늘하늘 내리시는 꽃비 맞으며
하늘에 오르셨지요

이 땅의 나그네길 다하신 날
사랑하는 딸 정성으로 지은
꽃무늬 옷 입으시고
제비꽃 옹기종기 모여앉아
보랏빛 노래 부를 때

당신은, 저 하늘에
푸른 별로 떠오르고 있지요

* 2006. 4. 9. 87세를 일기로 어머님 소천하시다.

고구마밥 1

– 인생을 달콤하게 사는 법 –

하얀 쌀밥에 묻혀있는
노란 고구마의 속살이 보인다
동글동글한 형체를 조각내어
작은 밥알 속에 푹 파묻힌 채
자신의 존재를 삭혀
달콤한 고구마밥이 되어 있는

달콤한 인생은
고구마밥이 되는 것

자신의 존재만을 내세우지 않고
고고한 형체가 깎기고 잘리어
작고 작은 낟알 속에 녹아질 때
달콤한 쌀밥이 되고
구수한 고구마밥이 되는 것

제 한 몸 던져
희생하고 녹아져
인간 세상에 꽃이 되는
고구마밥 인생

고구마밥 2

– 부부 –

언제나 부드럽고
달콤한 속내로 가득한
한 덩어리 고구마로 존재하는

때로는, 완전히 깨어지지 못한
자존심과 고집이 꿈틀거려
둘이둘인 것 같은 때도 있어
모난 조각들이 가슴을 헤집는
상처를 주고, 슬픔이 되고

내가 살고자 몸부림치는 것이
그대 앞에서 무에가 중요하리

나를 으깨어 그대 가슴에 묻혀
내가 그대가 되고
그대를 마음속 깊이 받아드려
우리는 하나
영원한 길동무

고구마밥 3

– 친구, 흰쌀과 고구마 같은 –

친구야, 너는
무논에서 하늘을 보며 푸른 꿈을 키우다
가을햇살 듬뿍 품어 노란 낟알이 되어
어느 날, 까끌까끌한 옷을 벗고
백옥처럼 순결한 보석이 되었지

친구야, 그래 나는
저 깊은 땅속에서 몸부림치다가
너른 잎과 줄기를 통해 전달되는
그분의 사랑으로
달콤한 꿈을 꾸며 자라왔지

밝은 세상으로 나왔을 때
작디작은 너를 보고 웃었지
듬직한 나의 몸에 비해 너무 작아
내가 한 번 구를 때
수십 번을 굴러 나를 따라오는 모습이

어느 날,
물 속에 푹 담겨 있는 너를 보았어
퉁퉁 불어가는 몸이 가여워 울었어

거룩한 손이 눈물을 닦아주며
나를 들어 깨끗한 물로 목욕을 시켜 주셨어
아, 얼마나 시원하였던지
잠깐 잠이 들었었나 봐

그분이 말씀 하셨어
'너를 주어 남을 받아들일 때
비로소 너희는 친구가 될 수 있는 거야'
날카로운 칼날이 내 몸을 토막 낼 때도
나는 참을 수 있었어
너를 얻을 수 있다는 희망으로

너와 내가 뜨거운 밥솥 안에서
서로를 끌어안고 울다울다
서로를 받아들였지
우리는 뜨거웠고,
하나가 되는 꿈을 꾸었어

어버이 주일에

깊게 패인 볼우물에서
한없이 샘솟는 당신의 사랑을 보옵니다
튀어나온 광대뼈에서
허리띠 졸라매시던 당신의 희생을 보옵니다

야윈 어머니,
그 깊은 눈에서 아픈 당신의 사랑을,
한 걸음 한 걸음 나아갈수록
줄어드는 당신의 육신에서
매달려 살아오던 지난날이 너무 아려옵니다

가슴에 붉은 카네이션은
타오르는 가슴 속에서
울컥 솟구치는 핏덩이입니다

어머니, 당신이 그립습니다
사월 초아흐레,
눈시울 적시며 떠나가신
여위신 당신을 생각하는 날
이슬비만 오락가락합니다

지심도(只心島)에서 우는 매미

오백년이 된 동백나무숲길을 거닐다
매미를 만났다

붉은 동백꽃잎을 송두리째 삼키고
고단한 섬사람들의 가슴에
울컥울컥 피를 토하게 하는
매미가 울고 있었다

어두워진 동백숲
길을 가로질러 누워 있는
동백나무를 올라타고
아직도 질긴 울음을 울고 있는

한순간에 삶의 터전을 헤집은,
또다시 몰려와 뒤집고 흔들어대던
매미가
외로운 사람들의 가슴에서
그날의 울음을 울고 있었다

* 지심도는 거제도 인근에 있는 섬으로 동백나무가 많아서 동백섬이라고도 불리며, 연인들의 섬이라고도 불리는 아름다운 섬.
* 매미 : 2003년 9월 6일 발생해 9월 14일 소멸한 중형급 태풍(14호)

동백섬 은호이야기

동백섬에 일곱 살배기 은호가 산다
유일한 섬아이 은호는
거친 파도를 동무삼아 거제도에 있는
유치원에 다니는 용감한 아이다
축구도, 병정놀이도 혼자 하는 은호는
험난한 바다도 혼자 나갈 수 있는
일곱 살 먹은 어른이다

오늘, 어미 떠난 텅 빈 집에서 은호가 운다
동백섬 곳곳을 울리는 은호의 외침에
파도가 쏴아 쏴아 대답을 한다
동백숲에는 동박새가 부산스럽고
아빠 찾는 은호의 울먹임이
해질녘 동백섬을 슬프게 한다

그림자 앞세우고 돌아오는 아빠는
섬을 떠날 줄 모르는 우직한 사내다
낚싯대를 던지고 달려오는 아빠품에서
은호의 두 뺨에 물방울이 투명하다
동백섬에 사는 은호는
엄마 품이 그리운 일곱 살 어린아이다

지심도 광태씨 이야기

모든 것을 던지고 돌아왔다 했다
원양선에 몸을 싣고
세상을 주유하던 광태씨가
지심도에 돌아 온 것은
자신을 낳아 준 아비가 그리워서였다
평생을 바다와 싸우다 황혼 길을 걷는
아비에게 소망을 주기 위해 그는
세상을 포기하고 돌아왔다

지심도에 홀로 사는 광태씨는
떠나가는 아비의 그림자를 보던 날,
자신을 불러들인 것은 아비가 아니라
지심도라는 것을 알았다

남대천을 찾아
북태평양에서 돌아오는 연어의 본능이
지심도에 홀로 사는 광태씨의
뱃속 깊은 곳에 있었다

골목길에서

마을버스가 골목골목을 휘돌아 갑니다 막장이다 하면 용케도 출구를 찾아나가는 마을버스를 타고 하루를 출발합니다 차가 흔들리고 골목이 흔들립니다 창밖의 나무가 흔들리고 땅이 흔들립니다 세상이 흔들리고 내가 흔들립니다 비틀거리는 것은 몸만이 아닙니다

꽉 막힌 골목길에서 폐쇄공포증을 오래 앓아온 여인을 생각합니다 지하철에 갇힌 오분 동안 그녀가 느꼈던 무섬증이 가슴을 옥죄어옵니다 벌벌 떠는 그녀가 가여워 눈물이 납니다

심하게 뒤틀린 골목길에서 그녀가 울고 있습니다 상자 속에 갇힌 그녀가 울고 있습니다

미륵산에서

세상을
거룩하게 품는
어미의 마음이라 했던가

세상에서 볼 수 없던
그 너른 마음을
오늘, 가을이 지는
미륵산에 올라보니

많은 섬을 펼쳐
바다를 포근하게 감싸는
내 어머니 마음이 보인다

* 미륵산은 통영시에 있는 해발 461m의 산으로 정상에서 보면 다도해의 조망이 일품임.

바닷가무덤

한평생을
바다에서 살아왔을 거야
죽어서도 떠나지 못하는,
바다향한 눈 돌리지 못하는
질긴 삶의 고집
그 흔적이
아담한 무덤으로 남아
바다를 향해 누워 있다

오늘도
파란 꿈을 꾸고 있다

푸르게 자라다오

– 정민이를 위한 오월의 노래–

산도 푸르고
나무도 푸르르니
오월은
온통 푸른 세상

푸른 마음 담은
글씨도 푸르고
나뭇잎 새로 불어오는
살랑살랑 바람도
푸르른 오월

어라,
아이의 얼굴이 푸르다
입가에 번지는 미소마저
상긋한 푸른빛이네

* 광명보육원에 있는 윤정민군은 초등학교 6학년생으로 시공부를 하고 있는 문학소년이다.(2006)

영안실에서

싸늘히 식은 어머니의 이마를 짚으며
푸르스름한 형광등 불빛이
왜 이리 낯이 설은 지

보고 싶다고
눈물 흘리시던 어머니의 속울음이
이제는 가슴에 박힌
화살이 되어버린
영안실에서

미열 한 줌 남김없이
다 주고 떠나시는
가장 뜨거운 당신을 만났습니다

이 추운 세상에서
붙들고 살아갈 당신
이제는 영원히 함께 있을,
가슴에 숨쉬는 당신을 만났습니다

겨울밤

온 세상이
세마포로 정갈해 지는 밤
함박눈 내리는 길을 걸었어요
하얀 도화지에 그림을 그리듯이

하얀 눈 위에서 껑충껑충 뛰며
발자국으로 이름을 쓰고
'야, 드디어 내 이름이 이 땅에'
손뼉을 치며 좋아라 했어요

하늘에서
사뿐사뿐 눈 내리고
속삭이는 음성이 들려오네요
'세상에 이름을 남기려 애쓰지 마라'

또박또박 새겨진 나의 이름은
어느덧 하얗게 지워져버리고
호호 부는 하얀 입김만
하늘하늘 올라가고 있어요

홍수

제 몸 하나 가누지 못하여
서풍에 휘둘리는 버드나무 가지에서
찢겨진 검은 비닐조각이
우~~ 우우우
노을에 울음이 붉다

물이
길을 벗어나 제 뜻대로 흐르면
세상은 황톳빛 소용돌이에 휘둘려
아우성치는 아픔이 된다

채워도 채워지지 않는
욕망을 다스리지 못하고
울컥울컥 쏟아놓는 검붉은 피는
혹이나, 가난한 내 형제 가슴에
가녀린 소망마저 휩쓸고 가는
절망의 바람이 될 수도

이제 막 고개 숙인 벼논위로
황톳물이 범람한다

그 미소 영원하다

– 고 육정열 집사님을 추모하며. 2005. 3.16 –

당신을 바라볼 때
맑은 웃음 한줄기
연둣빛 새순을 보았어라
때로는, 회색구름 삶의 길을 덮어 와도
보름달 웃음이 그득하니
우리의 마음은 그대로 기쁨이었어라

어느 날, 당신 몸 져 누워있어도
당신의 얼굴은 한 송이 꽃이었어라
고통 속에 눈물을 흘려도
당신은 우리의 꽃이요
우리의 기쁨이었어라

오늘, 당신 떠난 날
품었던 그 고운향기 우리에게 남겼으니
당신은 꽃이요
당신의 미소는 하늘의 축복이요
하나님 주신 참된 평화라

당신은 우리 곁을 떠났어도
그 미소 영원히 남으리라

하늘의 꽃으로 다시 피어나는

– 고 박태진시인을 추모하며. 2006. 1. 1–

바람이 심하게 불던 병술년 정월 초하루
이 땅에, 우뚝 선 깃대하나
꺾이었다 슬퍼합니다

세상을 넘어선 길에서 휘적휘적
이별과 저별 사이를 거니시던 당신
당신은 그 경계를 어느덧 넘으신 건가요

어둠이 남산골을 따라 내려오던
충무로, 그 어느 골목에서
그림자 앞세워 걸어가던 당신
왜 이리 서둘러 먼 길을 떠나셨나요

당신, 가신 그 나라
명왕성보다도 멀고 먼,
수천광년을 달려가도 닿을 수 없다는
머나 먼 나라

남기신 흔적 따라 길을 나서면
어느 덧 당신가슴에 닿아있으려니
당신은, 어느덧 우리 곁에 서 계시는 것을

난꽃을 바라보며

이제는 버림받아
난석(蘭石)마저 목마름으로 갈급한
작은 터전에서 티끌 같은 생명을 지키는 너
고고한 꿈 버릴 수 없어
푸른 잎 꼿꼿이 세우고
흩어지는 기운을 모아 향기 진 꿈 키웠더냐

삼십년 전, 질곡의 삶 한 모퉁이에서
버릴 수밖에 없었던 핏덩이가
수많은 밤 꿈길에 밟혀
평생을 죄인으로 살아온 어미

어느 날, 팔월의 태양 붉은 날
바람으로 돌아온 너의 영혼
너무 맑아 슬프구나
숨어 피는 너의 소박한 웃음
버림받은 설움 한점 없구나

간난(艱難)과 질고(疾苦) 속에 피어난
꽃, 그 복중(腹中)에서
그윽한 향기가 난다

* 30여년전 외국인 가정에 입양되었던 아들이 원망도 내려놓고 밝은 모습으로 어머니를 찾아 만나는 모습을 보며

제 5 부

푸른 별

단소(短簫)에게

오죽하면
오죽(烏竹)의 통속에 갇혀 있던
너를 이끌어 내어
세상에 날리겠느냐

아, 세상은 눈물바다
삶은 눈물이다
그 누가 슬픔을 알아
목메이게 울어주겠느냐

사람의 애간장을
끌어내는 마술사

나도, 한 번 오죽통에 갇혀
숨죽여지면
너처럼 깊은 목소리로
오월의 빛이 될 수 있으려는 지

공명(共鳴)

비어야 나는 것을
채우고 채우고 나서야
맑은 소리 기다렸구나
가슴이 비일 때
진실의 울림이 있는 것

나는,
이 밤도 비우지 못해
대장소장(大腸小腸) 가득 찬
오욕칠정(五慾七情)①에
뒤뚱거리며 살고 있구나

맑은 소리 사모해도
마주 울려 하나 되는
그 떨림 없으니
답답한 인생사 가슴에 울리고
오늘도, 내 가는 길은
끝 모를 고해의 길

① 오욕(五慾)이란 재물욕, 명예욕, 식욕, 수면욕, 색욕을 말하며, 칠정(七情)은 희喜 노怒 애哀 낙樂 애愛 오惡 욕欲 일곱가지 감정

양철지붕위의 고추를 바라보며

푸른 시절의 욕망을 다독이며
스스로 부끄러운 줄 알아
낯을 붉히며 살아오던
팔월 어느 날

이제는
이루었다 생각이 들 때
뜨거운 태양이 이글거리는
양철지붕 위로 끌려올라가
붉은 태양의 정신으로
온전히 거듭나는

세상을 만만하게 보아오던 오만과
타인의 삶을 상처 내던 비정함
스스로 높아지고자 하던 자만심까지도
이제는 버려야 하는

바삭바삭 말라가는
양철지붕위 고추를 보며
나도 몰래 몸사래를 쳐보는
어느 여름날 오후

가야금산조

누르고
뜯고
퉁기고
저리도 심하게 문질러대는데

어찌
속앓이에
가슴 떨림이 없겠느냐

아, 열두 줄 명주실이
心琴을 울리는 밤

하늘은 막막한 어두움
스러져가는 그믐달
어찌 너만의 아픔이겠는가

혼자서 우는 가야고
이 밤에
저리 애절한데

대금

– 빈 공간에 생명의 소리 살다 –

왕성하던 청죽(靑竹)이 죽어
노란 소리통이 되었구나
메마른 몸이 되어서야
숨이 들 공간이 생기고

메마른 가슴에 숨을 부으니
살아있는 이야기가 튀어나와
초록빛에 매달려 덩실덩실 춤을 추고

대금산조는 속울음이다
살아 있는 것들의 애절한 외침이다

끝 모를 오만과 뒤틀린 아집
외치는 소리마다
죽음의 인영들이 난무하는데

누가 마른 막대기에
숨을 불어넣어
춤추는 언어를 불러내어 줄 것인가

향피리의 노래

너의 목소리에는 고향이 묻어 있다
작은 몸짓에
떨리는 그 여운의 깊이는
너의 울음이 아니요
너의 노래 아니다
살아 있는 너의 향(香)이다

너의 목소리가 부르는
베사메 무초
그 향긋한 입맞춤에
온 몸이 자지러지고

이 밤, 누가 있어
무너진 내 마음 일으켜 줄거나

* 향(鄕)피리는 세(細)피리, 당(唐)피리와 전통음악에 사용되는 피리의 한 종류로 지공(指孔)이 여덟이고, 향토적인 음색을 지닌 피리

장구소리를 들으며

가는 막대기로
종아리를 맞던 유년시절이,
어린 아들에게 매를 들던
당신의 엄한 사랑이 생각납니다

고수(鼓手)의 손에 들린 ①열채는
그날, 자식을 향해 눈물 흘리던
당신의 회초리

둥 두둥둥
두 눈 질끈 감고 치는 ②궁채 소리는
당신의 가슴을 치는 소리

이 밤에,
스스로 울어서 가슴을 적시는
장구소리를 들으며
먼 길 떠나신 아버지
당신의 굵은 음성을 듣습니다

① 열채 : 오른 손으로 치는 대나무를 깎아 만든 채
② 궁채 : 왼손으로 치는 막대 끝에 둥근 원반형이 붙어 있는 채

태평소

너는, 이 땅을 호령하는
대장의 음성이라

목젖을 둥그렇게 모아
온 힘으로 노래하는
너는, 어지러운 세상에
평화를 선포하는 소리라

가슴을 열어라
심장에 꽂히는
사랑의 음성을 들어라

네가 울어
가슴의 어혈이 풀리고
너의 너털웃음은
세상의 큰 기쁨이어라

* 태평소는 나팔모양으로 된 우리나라 고유의 관악기

악기는 스스로 울어

꽃이 저절로 지므로
열매를 보듯이
악기는 스스로 울어서
노래가 되어

때로는, 환희의 전율로 떨게 하고
달 밝은 밤
가슴 저미는 슬픔으로 다가와
눈물이 되는데

고난을 모르는 정신이,
울지도 못하는 마음이
무슨 감동을 낳을 수 있으리

오늘도 겉 흝기로 살아가는 삶
밤새 씨름하여도
실한 아들하나 낳지 못하는 밤

강에 강물이 있으니
달이 내려와 흠뻑 젖는 구나

피카소의 허무

가을이
바람을 가져왔다
나뭇가지 새로 금빛 햇살 뿌리고
살며시 옷깃을 스치며 다가왔다

파블로 피카소가 가을에 왔다
삼십 삼년 전 떠나갔던 그가
몇 송이 우울한 꽃으로
찾아왔다

그의 혼이 담겨 있는
그림 앞에서면
그의 고뇌와 눈물이
집요함 속에 보이는 허탈함이
프랑스와즈 질로의 고적한 뒷모습에서
뚝뚝 떨어진다

* 프랑스와즈 질로는 피카소를 만난 후 10여 년간 동거하며 그의 작품에 많은 영향을 미쳤으며. 스스로 피카소를 떠난 최초의 여인.

살풀이춤

어찌, 그리 고운 모습에
소복을 입었느냐
네 가슴에 담겨 있는 한이
그 무엇이기에
너의 버선발은 그리도 떨리는가

밤새 삭히지 못한 응어리
한 줌 남아
펄럭이는 하얀 베 조각이
손끝에서 살아 너울거리고

빙글빙글 도는 너는
이 땅에 떠도는 한 맺힌 혼
아우르는 거룩한 몸짓
가벼워지는 걸음거리에
속에 담긴 한이 녹아지고
짓눌렀던 짐 하나 벗어짐이라

그래야지 풀어야하고 말고
가슴에 담긴 한을 풀어버려야지
뒷걸음질치는 발걸음까지도
그리도 가벼운 것을

포로수용소에서

사각의 틀에 고정되는 것을 조심하라
작은 몸뚱이 하나
가눌 수 없는 공간은
심장을 병들게 하고

자유, 자유를 연호하는
너의 목소리는
메아리로 울릴 뿐이다

녹슨 철조망은
온 몸과 마음을 가두어버린
빈틈없는 사각의 틀
거제도 포로수용소에서는
울부짖음이 한창이다

얽어매는 것이 무엇이더냐
현실이냐 못 채워진 욕망이더냐
날선 칼날 위에 선
무모한 삶의 긴장이
나의 심장을 상자 속에 가두고
심하게 조이고 있구나

사라져간 이름을 위하여(7)

– 무너져가는 청계 고가도로 –

젊은 날, 더 푸르지 못한 몸이
탄탄한 정신의 반석하나 세우지 못해
오늘도 작은 바람일면
흔들려 흔들려 마구 흔들리는

청계천이 내려다보이는
삼일빌딩 스카이라운지에서
난사하는 자동차 헤드라이트 불빛에
어지럼증을 앓는다

하늘을 가로지르던 용맹만으로는
튼튼한 뼈대 하나만으로는
유한한 인간들의 박수소리만으로는
영원한 자리에 설수 없다

나는 오늘,
너무 높이 올라와 있음에
온 몸이 떨린다

눈 아래, 청계고가도로가 허물어지고
쌓아온 삶의 흔적이 흔들리고

* 2003. 7. 1. 청계천복원공사 착공으로 청계고가도로, 삼일고가도로의 철거가 시작됨

회귀

동백섬 해안을 따라 위태위태한 길을 가다가
모든 것을 잊고 누워 있는
소나무 한 그루를 만났다
'내 나이 일백이십 살, 태풍 매미가 나를 넘겼음'

어느 전장에서 죽어간 병사의 인식표처럼
그렇게 목걸이 하나 걸고
하루하루 풍상에 메말라가고 있었다

마음 저리게 하는
울음을 남기고

원망도 희망도 버린 채
언젠가 풍장되어
온전히 본향으로 돌아갈
그날을 기다리며

* 매미 : 2003년 9월 6일 발생해 9월 14일 소멸한 남해안에 막대한 피해를 입힌 중형급 태풍(14호)

평안

가을비 내린 후
세상이
참 조용하다

바람에 뒤채던 낙엽이
땅바닥에 등을 대고
침묵하고 있다

툭툭 몸을 치는
빗방울에도
흔들림이 없다

가을비 내린 후
세상은 귀를 열고
말씀을 기다리는 중

마음의 짐을 내려놓고
기다리는 이 시간
참 평안하다

삶의 경계에서

남도의 땅 익산은 지금
눈물이 한창이다
초대하지 않은 손님이 어둠의 그림자를 몰고
서서히 조여 오는 둔탁한 발걸음

수많은 생명을 강제 폐기할 수 있는
거부할 수 없는 힘의 억지에
세상은 한숨소리가 깊다

공중의 권세 잡은 자들이
삶과 죽음의 경계를 긋고 있다
반경 500미터를 외치던 자들이
성에 안찬 듯 목소리를 높인다
반경 3킬로미터를 주장하는 강경론자들의
목소리가 한층 높아지고

수십만의 생명이
그들이 긋는 선 하나에
삶과 죽음의 경계를 오락가락 한다

* 2006.11. 익산을 시작으로 발생한 조류 인플루엔자로 수십만마리의 가금류 등 가축이 '살(殺)처리' 됨.

푸른 별

– 축복 –

가슴에
푸른 별 하나 돋는
기쁨의 새해 되소서

어두운 길
밝게 비출
푸른 별 하나 품고 사는
소망의 새해 되소서

푸른 향으로 불어오는
그리움 하나
가슴에 오래오래 간직하는
행복한 새해 빛으소서

애광원

사랑의 척도인가
가팔라진 비탈길에
사랑이 샘솟는 눈빛이 있어
장승포 앞바다를 푸르게 한다

사랑의 눈물 없이는
그들의 삶을 알 수 없고
뜨거운 가슴 없이는
차마, 그들의 손을 잡을 수 없는
애광원은
사랑을 받는 이보다
사랑을 주는 이가 더 행복한 땅이다

장승포 앞바다를 푸르게 하고
파도를 잔잔케 하는
사랑의 빛 마당에
오늘도 가을햇빛이 가득하다

* 애광원은 거제도 장승포에 있는 정신지체 장애자들의 소망이 되는 사회복지 재활시설

공간을 채우는 사랑

공간을 채우는 것은
아름다운 일이다

공간을 채우는 것은
자기 비움을 통해
공간의 형체를 찾아가는 것

공간을 채우는 것은
고독한 자신을 사랑하는 것이라
마음을 비워내는 고통과
비인 속을 들여다보는
허전함,
그 허전함을 사랑하는

가난한 자의
빈 가슴을 채우는
아름다운 몸짓이다

가을햇살

가을의 햇살은 축복이라 했습니다.
속으로 속으로 여물게 하는
그리고 다소곳이 고개 숙이게 하는
수줍음에 금빛 미소 짓는
사랑이라 했습니다

당신의 따스한 숨결이
당신의 온기어린 손길이
나를 여물게 하는
가을햇살의 축복입니다

구절초빛 가을생각이
금빛햇살로 다가왔습니다.

세상 어딘가에
가난하고 메마른 땅이 있으려니
한줄기 가을햇살 되어
살아가라합니다

해설

햇빛 같은 웃음, 그 해바라기의 꿈

김재황 (상황문학문인회 회장)

1.

이 땅에 꽃이 피어나지 않는다면 어찌 살겠는가. 갖가지 아름다운 꽃이 피어나지 않는다면 이 세상이 얼마나 어둡고 쓸쓸하겠는가. 그렇기에 아무리 춥고 외로운 겨울이라고 하여도 꽃이 피어나는 봄을 기다리며 우리는 따뜻하고 환한 꿈을 꿀 수 있다.

그렇다고 어디 땅에서만 꽃이 피어나는가. 우리의 가슴에서도 갖가지 아름다운 꽃이 환하게 피어난다. 우리는 그것을 가리켜서 '시'(詩)라고 부른다. 들에서 피어나는 꽃들과 같이 가슴에서 피어나는 시들도 그 생김새가 다르고 빛깔도 다르며 그 향기 또한 다르다. 게다가 가슴에서 피어나는 꽃인 '시'는 철을 가리지 않고 한겨울에도 아름답게 피어난다. 아니 춥고 외로운 겨울일수록 더욱 아름답게 피어나서 향기를 풍긴다.

그러면 이춘원 시인의 가슴에는 어떠한 꽃들이 피어나고 있는가. 그 꽃들을 만나보기 전에 우리는 이춘원 시인에 대해 사전지식이 조금 필요하다. 그는 서울시 공무원으로 열심히

일하고 있는가 하면, 아주 깊은 믿음을 지닌 신앙인이다. 그리고 이번에 제6시집을 펴내는 중견시인이기도 하다. 그러니 그 가슴에 피어나는 꽃인'시'가 얼마나 탐스럽겠는가.
우선 이 시집의'자서'를 본다.

한 송이 해바라기이고 싶다
통 크게 웃어
세상을 환하게 하고 싶다

어둠에서 빛을 바라고
헝클어짐 속에서 길을,
눈물 속에서 환한 미소를
절망 속에서 밝은 꿈을 꾸고 싶다

– '자서' 중에서

자, 어떠한가 '한 송이 해바라기이고 싶다' 라는 시 한 줄에서 우리는 그 가슴에 피어 있는 아주 탐스러운 꽃을 만날 수 있다. 해바라기처럼 키 크게 서서, 서울 여러 시민들에게 아름다운 웃음을 내보여 주는 공무원의 이미지가 금방 떠오른다. 이게 바로 봉사하는 공무원의 모습이기도 하다. 그야말로 '세상을 환하게' 만든다. 그런가 하면, 신앙인으로서의 해바라기는 더 이상 설명을 필요로 하지 않는다.
도대체 '신앙'이란 어떤 것인가? '어둠에서 빛을 바라는 것' 이고, '헝클어짐 속에서 길을 찾는 것'이며, '눈물 속에서 환한 미소를 지니는 것'이고, '절망 속에서 밝은 꿈을 꾸는 것' 이다. 여기에서 한 발 더 나아가서 시인으로서의 '해바라기' 는 어떠한가. 무엇보다도 그 꽃의 빛깔이 따뜻한 시심을 나타낸다. 나는 시심을 '심미적 감성'(審美的 感性)이라고 여긴다. 이는, 세상을 따뜻하게 바라보는 눈이요, 세상을 따뜻하게 껴안는 마음이다. 시인으로서 갖추어야 할, 이보다 더 큰 덕목은 없다. 이를 가리켜서 공자는 '인'(仁)이라고 했다. 사실, 꼭 집어서 '인' 을 내보이기는 어렵다.
그래서 공자는 '강의목눌(剛毅木訥)이면 근인(近仁)' 이라고 했다. 여기에서 '강' 은 '강인함' 이고 '의' 는 '과감함' 이며 '목' 은 '질박함' 이고 '눌' 은 '언중함' 이다. 다시말해서 '강인하고 과감하며 질박하고 언중하면 인(어짊)에 가깝다.' 라는 말이다.

2.

제1부로 들어가서 첫째 자리를 차지하고 있는 작품은 '달무리' 이다. 이 작품은 어쩐지 앞의 '서시' 에 비해 쓸쓸함이 느껴진다. 어찌 그렇지 않겠는가. 하루 중에도 밝은 대낮과 어두운 밤중이 있듯이, 우리의 삶에도 뜨거움이 있으면 차가움도 있게 마련이다.
하지만 '달무리' 는 쓸쓸하면서도 그 안에 따뜻함이 숨겨져 있다. '달무리' 에서 '무리' 란 '대기 가운데 떠 있는 작은 물방울에 의한 빛의 굴절이나 반사 등으로, 달의 둘레에 때때로 생기는 백색의 둥근 테' 를 말한다. 이게 또 '껴안는' 모습이다. 참으로 놀랍다. 언제 어디에서나 '사랑하는 마음' 을 놓지 않는다.

밤하늘에
외로운 그림자 하나
머언 기억 속의
이름 하나 걸머지고
길을 간다

– '달무리' 중에서

이 작품 중에서 '머언' 기억 속의 이름 하나 걸머지고' 라는 시구가 긴 여음을 끈다. '머언' 이란 그냥 먼 게 아니라 '아주 멀다' 는 뜻일 테고, '기억 속의 이름' 은 '지금은 만날 수 없는 사람' 을 나타내는 성싶다. 누구인가 말했다. '잊히는 것보다 더 슬픈 일은 없다.' 라고. 그런데 그 '이름 하나 걸머지고' 길을 가고 있다니, 이는 얼마나 행복한 일인가. 더없이 따뜻하고 향기롭다. 이를 두고 나는 '달꽃' 이라고 이름을 붙이고 싶다. 지상에서는 해바라기가 하늘을 바라다보고, 하늘에서는 달꽃이 지상을 내려다본다. 나는 지금 '달꽃 하나를 따서 어깨에 걸머지고 밤길을 걸어가고 있는' 이춘원 시인을 눈앞에 떠올려 본다.
또 한 작품을 본다.

내가 사는 땅은 꿈꾸는 마을
종아리 하얀 미인들이
옹기종기 모여 사는
아름다운 숲이 있는

자작나무 숲에
이월이 휑하니 지나가고
겨울의 꼬리를 물고 오는 바람이
상긋거리는 날

– '자작나무 숲에서1' 중에서

자작나무 숲에 3월이 오려고 한다. 그래서 '바람' 은 2월의 꼬리를 물고 온다. 그 앞에 '휑하니' 가 붙어 어느 틈에 봄의 문턱으로 와 있는 느낌을 강하게 받는다. 여기의 '바람' 은 '부는 바람' 이기도 하려니와, 바라는 바람' 이기도 하다. 그래서 그 바람마저도 상긋거린다.

자작나무는, 그 껍질이 잘 벗겨진다. 그런데 그 나무껍질을 태울 때에 '자작자작' 하는 소리를 내며 잘 탄다. 그 때문에 그 이름을 얻었다.

자작나무는 문학 속에 많이 등장하는 나무이다. 무엇보다 나무껍질이 하얀 빛깔로 깨끗한 느낌을 주기 때문이 아닌가 여겨진다. 이 하얀 자작나무의 껍질은 종이처럼 얇으며 가로로 벗겨진다. 벗겨진 이 나무껍질을 보면 바깥쪽은 흰 빛이지만 안쪽은 갈색을 띠고 있다. 다시 말해서 흰 껍질은 여러 겹의 얇은 종이를 붙여 놓은 듯이 차곡차곡 붙어 있다. 그래서 한 장 한 장이 매끄럽고 잘 벗겨진다. 그것에 종이 대신으로 불경을 새기거나 그림을 그렸다고도 전한다. 게다가 껍질에는 썩는 것을 막아주는 성분이 들어 있다고 한다. 즉, 이 나무의 껍질 속에는 '큐틴' (cutin)이라는 방부제가 다른 나무보다 많이 들어 있다. 그렇기 때문에 잘

썩지 않을 뿐만 아니라 곰팡이도 잘 피지 않는다. 아메리카 인디언들이 사용하는 '카누' (canoe)는 가볍고도 튼튼한 나무의 틀 위에 자작나무 껍질을 바르고 나무의 진으로 방수를 했다고 한다. 그 지혜가 놀랍다. 자작나무는 고원지대의 산 중턱에 자생하여 숲을 이루는데 누구나 그 숲속으로 들어가면 시 한 수쯤은 저절로 나오는 시인이 되곤 한다.

아무튼 자작나무는 하얀 나무껍질 때문에 깨끗한 느낌을 준다. 그런 나무들이 쭉쭉 뻗어 있는 숲을 보면 여학생들이 여름 교복을 입고 걸어가고 있는 모습이 연상되곤 한다. 그래서 이춘원 시인은 '종아리 하얀 미인들' 이라고 노래했다. 그리고 또, 한겨울에 하얀 종아리를 내놓고 있으니 시인의 마음이 얼마나 안쓰러웠겠는가. 그래서 이춘원 시인의 시선은 쉽사리 자작나무 숲에서 떠날 수가 없었으리라. 이 시집에는 '자작나무 숲에서' 라는 작품들이 3편이나 들어 있기 때문에 누구나 이를 금방 알 수 있다.

제2부로 들어서면 첫째 자리에 '물푸레나무' 라는 작품이 앉아 있다.

물푸레나무 아래
푸른 바람이 분다

샘물에 담그면
푸레푸레 물푸레
푸른빛이 번진다는
물푸레나무

그대 가슴 가득
푸른 소망의 빛 여울질
물푸레 나뭇가지 하나 손에 들고
내려오는 길

휘파람소리가
잠자는 숲을 깨운다

– '물푸레나무' 전문

물푸레나무는, '물을 푸르게 만드는 나무' 라고 하여 그 이름을 얻었다. 즉, 어린 가지를 꺾어서 껍질을 벗긴 다음, 그 껍질을 맑은 물이 담긴 하얀 종이컵에 살그머니 담그면 가을 하늘 같은 빛깔이 우러난다. 한문으로는 '수청목' (水靑木)이라고 쓴다.

물(水)과 '푸르게' (靑) 및 '나무' (木)가 합하여져서 '물푸레나무' 로 되었다고 생각해도 된다.

물푸레나무도 단독으로 있는 것보다 무리를 지어서 있는 것이 보기에 좋다. 물푸레나무 숲으로 가서 보면 쭉쭉 뻗어나간 줄기가 힘이 있다. 줄기는 회갈색이지만 백색의 수피가 가로로 얼룩무늬를 이루어서 무척이나 아름답다. 이 나무의 껍질은 훌륭한 약재가 된다. 한방에서는 그 이름을 '진피' (秦皮)라고 한다.

해열·진통·소염·수렴(收斂) 등의 효능을 지니고 있어서 류머티즘·통풍(痛風)·기관지염·장염· 설사·이질·대하증 등의 치료제로 쓰인다. 그리고 눈병을 고치는 데 사용하기도 했다고 한다. 동의보감에는 '두 눈에 핏발이 서고 부으면서 아픈 것을 비롯하여 바람을 맞으면 눈물이 계속 흐르는 것을 낫게 한다. 물을 우려내어서 눈을 씻으면 정기를 보호하고 눈을 밝게 한다.' 라고 기록되어 있다.

물푸레나무의 목재는 물리적 성질이 좋기 때문에 악기나 운동기구의 재료로 쓰이며, 그 외에도 기구재나 도끼 자루 및 가구재 등으로 사용되어 왔다. 어디 그뿐인가. 눈이 많이 내리는 강원도 산골마을 등에서는 물푸레나무로 '설피' 를 만들어 신었다고도 전한다.

물푸레나무의 가지로는, 옛날에 잘못을 저지른 아이의 종아리를 때리는 회초리로 많이 사용되었다. 내가 서당에 다니던 어린 시절, 우리들이 천자문을 제대로 외우지 못할 때에는 훈장님께서 용서 없이 회초리로 종아리를 때리셨다. 그래서 옛 선비들은 과거에 급제하여 금의환향을 할 때에 맨 먼저 자기 집 앞의 물푸레나무에게 큰절을 올렸다고 한다.

옛날, 북부 유럽에 '오딘' (Odin)이라는 신이 있었다. 유럽 사람들은 이 오딘이야말로 하늘의 해와 달을 떠오르게 하고 낮과 밤이 되는 것은 물론이며 이 세상의 모든 식물들을 자라게 한다고 믿었다. 그래서 오딘을 '만물의 아버지' 라고 불렀으며 영원히 죽지 않고 사는 것은 오딘뿐이라고 믿었다. 그 이유가 있다.

어느 날, 오딘이 바닷가를 거닐다가 물푸레나무를 보고 문득 사람을 만들어야 하겠다고 생각했다. 그래서 물푸레나무로 남자를 만들었다. 그래 놓고 보니까, 남자만으로는 쓸쓸한 느낌이 들었다. 오딘은 사방을 둘러보았다. 마침 얼마 떨어지지 않은 곳에 오리나무 한 그루가 서 있기에 그 나무로 여자를 만들었다.
물푸레나무로 만든 남자의 이름은 '아스크르' (Ascaeur)이고, 오리나무로 만든 여자 이름은 '엠블라' (Embla)라고 하였다. 이 '아스크르' 와 '엠블라' 가 바로 사람의 조상이라고 북부 유럽 사람들은 말한다.
물푸레나무는 참으로 긍정적인 나무이다. 그렇기에 그 아래에는 항상 '푸른 바람' 이 분다. 그 바람이 '희망의 나라로 가는 돛배' 를 띄운다. 나 또한 '가자! 가자! 희망의 나라로!' 라는 노래를 부르고 싶어진다. 푸른 바람은 바로 '푸른 소망' 이다. 그러니 '산에 올랐다가 물푸레 나뭇가지를 손에 들고 산을 내려오노라면 절로 휘파람이 나올 법' 도 하다.
앞의 '자서' 에서 언급된 '해바라기' 에 대한 작품이 제2부에 들어 있다.

내 모습이
해님을 닮아
빛을 잉태한 삶이 되고

언제나
밝은 미소로 벙글거릴 수 있는
그 즐거움보다
내가 웃어
그대 가슴에 기쁨이 되고
은빛 물결 이는
빛이 되는 것이

\- 해바라기 중에서

해바라기를 가리켜서 이춘원 시인은 '빛을 잉태한 삶' 이라고 노래했다. 그렇고말고. 해바라기의 아름다움은 바로 거기에 있다. 그 따뜻하고 밝음에 있다. 그 환한 웃음으로 하여 온통 주위가 따뜻해지니 이게 바로 커다란 베풂이 아니겠는가. 그래서 이춘원 시인은 '내가 웃어 그대 가슴에 기쁨이 되고' 라고도 했다. 그런데 '은빛 물결 이는 빛' 은 무엇을 뜻하는가? 아무래도 '내 모든 것을 내주는 빛' 을 의미하는 성싶다. '은빛' 이란, 모든 빛을 밖으로 내주기에 그렇다. 정말이지, 희생 없이는 진정한 사랑을 전하기 어렵다. 뜨거운 햇빛 아래에서 그 큰 꽃송이를 내보이는 해바라기의 크나큰 고통이 나에게 전해지는 듯도 싶다.

해바라기의 원산지는 남미의 페루 및 멕시코를 비롯하여 아메리카의 평원지이다. 예로부터 그곳에서는 원주민들이 옥수수와 함께 가장 중요한 식용작물로 재배하여 왔다고 한다. 우리나라에는 약 200여 년 전쯤에 서양의 선교사들에 의하여 중국으로부터 전해졌다고 알려져 있다. 일반적으로 해바라기는 온대지방에 알맞은 식물로 알고 있다. 그러나 열대와 아열대 및 냉대지방 등, 식물이 살고 있는 곳이라면 어느 곳이든지 해바라기를 재배할 수 있다. 우리나라에서는 해바라기를 그냥 관상용으로 뜰에 심어서 즐기는 정도였다. 그러다가, 1973년에 조생채유품종을 도입하여 영리재배를 시작하였다. 그러나 어쩐 일이지, 지금은 해바라기의 재배를 보기 어렵게 되었다.

내가 대학을 다닐 때에는 '해바라기 전국 심기 운동' 을 전개한 적도 있다. 그만큼 해바라기 씨의 기름은 가치가 높다. 특히 해바라기는 다른 식물이 자랄 수 없을 정도의 척박한 땅에서도 잘 자란다. 또 그러한 땅에서 생산된 씨일수록 맛과 향 및 품질이 뛰어나다. 그러므로 버려진 땅에서의 해바라기 재배는 아주 긍정적이다. 게다가 농약을 쓰지 않아도 해바라기는 별 탈 없이 잘 자란다.

해바라기는 국화과에 속하는 한해살이풀이다. 줄기는 4미터까지 자란다. 그러나 보통은 2~3미터 정도이다. 줄기에는 굵고 거친 털이 나 있다. 가히 남성적이다. 꽃은 그 지름이 30센티미터 이상이 된다. 둘레에 있는 꽃은 꽃잎이 길고 수술이 없으며 암꽃만 있다. 가운데 꽃은 꽃잎이 없으며 암꽃과 수꽃이 한 곳에 있는 양성화이다. 하지만 타가수분을 한다. 사실은, 해바라기의 그 크고 둥근 '한 송이 꽃'은, 수많은 조그만 꽃들이 모여서 이루어져 있다.

해바라기와 마찬가지로 한여름에 땀을 뻘뻘 흘리며 활짝 웃는 꽃이 있다. 그 이름은 바로 '참나리'이다.

이춘원시인의 작품 '참나리'를 본다.

달섬에
달이 떠난 날
눈물이
뜨락에 흥건하다
사월의 모란은
그녀를 안고 떠난 뒤
진초록 치마저고리
저리 슬픈데

너만의 아픔 아니다
가슴에 흑점으로 박힌
흔적을 드러내며
웃고 있다
나는, 참 슬퍼서 웃는다

– '참나리' 전문

일반적으로 사람들은 '참나리' 를 보면 기뻐서 웃는다고 여긴다. 그런 느낌을 받는다. 그런데 이춘원 시인은 '아픔' 으로 이미지를 나타낸다. 그 이유가 있다. 모란이 '그녀를 안고 떠났기' 때문이다. 그리고 '참나리의 아픔' 은 '가슴에 박힌 흑점' 으로 나타나 있다. '참나리' 는 여름이 되면, 줄기 위에 작은 가지가 갈라져서 그 끝에 주황색 꽃이 핀다. 여섯 개의 꽃덮이조각과 여섯 개의 수술, 그리고 한 개의 암술이 있다. 밖으로 길게 나와 있는 수술 끝에 달린 꽃밥이 짙은 적갈색을 띠고 있는 모습은, 귀엽기 이를 데 없다. 꽃이 지고 나면 협과(莢果)가 달리지만, 번식은 비늘줄기와 살눈(珠芽)이 맡는다. 아마도 이춘원 시인이 말하는 '흑점' 이란 이 '살눈', 즉 '주아' 를 가리키는 성싶다.

참나리의 비늘줄기를 한방에서는 '권단'(卷丹) 또는 '중상'(重箱)이라고 부르며, 강장이나 진해 및 거담 등의 효능이 있어서 신체허약증 · 폐결핵 · 산후의 회복증진 · 마음이 두근거리는 증세 등을 다스리는 데 쓰인다.

참나리는 줄기와 잎 사이, 즉 잎겨드랑이에 달리는 살눈(珠芽)이 퍽이나 인상적이다. 어찌 보면, 얼굴에 난 검은사마귀

와 같고, 또 어찌 보면 검은콩이 달려 있는 듯도 하다.
세상의 일이란 참으로 가늠하기 어렵다. '슬퍼서 아름답기'도 하려니와 '슬퍼서 웃기' 도 한다. 슬픔 안에 순수성이 깃들어 있기 때문이 아닐까.
제3부로 가면 작품 '풀무불 앞에서' 가 해바라기의 이미지를 다시 따른다.

왜 그리도
힘들게 하는지
너무도 뜨거워 몸부림치는
아우성은
허무하게 돌아오는 메아리

– '풀무불 앞에서' 중에서

이 작품은 벌겋게 닳아 있는 '쇳물' 을 연상하게 한다. 얼마나 뜨거울까. 그 '뜨거운 몸부림' 이야말로 '개화'의 과정을 다시 한 번 되새기게 한다. 그렇다. 펄펄 끓는 쇳물의 개화! 이러한 개화의 과정을 거치지 않고는 귀한 결실을 얻기 힘들다. 다른 말로는 이를 '연단'(鍊鍛) 또는 '단련'이라고 한다. 쇠붙이와 마찬가지로, 사람도 강하게 만들기 위하여 '고통으로 달구어서 두드리는 것'을 의미한다. '해바라기'의 꽃은 눈길을 위로 주어야만 볼 수 있다. 그러나 시인은 아래로 내려다보기도 해야 한다. 낮은 자리에 있는 목숨일수록 더욱 따뜻하게 감싸는 마음을 지녀야 한다.
마침내 이춘원 시인의 눈길이 가난한 '달팽이' 에게가 닿았다.

비 오는 날
거리에 나서 보면
외로운 사람들이 지천이다
나 하나만의 집을 머리에 이고
추적추적 내리는 빗길을 뚫고
어디를 가는지

함께 할 공간 하나 만들지 못하고
나만을 고집하다
흔들리다 흔들리다 뒤집히고 말
바람의 집 한 채 들고 가는
걸음이 위태하다

– '달팽이' 중에서

이 작품을 보면 '비가 내리는 거리를 걸어가고 있는 사람들' 을 보며 이춘원 시인은 '달팽이' 를 떠올렸을 성싶다. 아니다. '달팽이' 를 보고 '비오는 거리의 사람들' 을 떠올렸을 듯싶다. 어쨌든 '달팽이' 는 집을 소중히 여긴다. 그렇기에 집을 '머리에 이고' 다니는 게 아니겠는가. 그런데 사람도 '집' 을 아주 소중하게 여긴다. 이 작품에서는, 그게 '바람의 집' 이다. 그리고 그 집을 '남루하다' 라고 여긴다. 이 집은, 외적으로 '우리가 사는 집' 이기도 하려니와, 내적으로 '나만을 고집하는 아집' 일수도 있다. 집을 머리에 이고 다니는 사람을 그려 보면, 절로 웃음이 난다.
제4부로 가면 어릴 적의 일을 회상하는 작품들이 눈에 띈다.

동글동글한 동무들
푸르스름한 빛을 벗어 가는 보리
두 손으로 비비고, 후후후 불어
한 입에 털어 넣고 보니
고 녀석 입이 깜둥이가 되었네요.

– '보리 서리' 중에서

지금이야 이런 일을 하면 절대로 안 되지만, 예전에는 아이들이 곧잘 '서리' 를 하곤 했다. '서리'란, 아이들이 '떼를 지어서 주인 몰래 농작물 등을 훔쳐 먹는 장난을 말한다. 그렇기에 '수박' 을 훔쳐 먹으면 '수박 서리' 라고 하였으며 '고구마' 를 훔쳐 먹으면 '고구마 서리'라고 하였다. 그와 마찬가지로 '보리 서리' 는 보리를 훔쳐 먹는 일이다. 보리는 그냥 먹을 수는 없으니, 불길에 살짝 익혀서 먹는다. 그러니 그 입에 검댕을 묻히게 된다. 이는, 먹을 게 귀하였던 시절의 서러운 이야기이기도 하다.

예전에는 쌀밥을 먹기가 쉽지 않았다. 어쩌다가 쌀밥을 먹게 되면 그 밥의 양을 늘리기 위에 감자나 고구마 등을 넣어 먹었다. 지금 이런 밥을 먹게 되면 '별미' 라고 하겠지만. 좋아도 한두 번이지 이런 밥을 계속 먹게 되면 얼마 안 지나서 물리게 된다. 그런 일도 지나고 보니, 그리워지는 게 사람의 마음인가 보다. 그래서 이춘원 시인은 '고구마밥'을 노래한다.

하얀 쌀밥에 묻혀 있는
노란 고구마의 속살이 보인다
동글동글한 형체를 조각내어
작은 쌀알 속에 푹 파묻으면,
자신의 존재를 삭혀
달콤한 고구마밥이 되어 있는

달콤한 인생은
고구마밥이 되는 것

– '고구마밥1' 중에서

이춘원 시인은 '고구마로 인해 그 밥이 달콤해진다' 라는 사실을 '희생' 이라고 말하고 있다. 밥은 우리가 살아가는 데에 가장 중요하다. 먹지 않고 살 수 있는 사람은 없을 테니까. 사람들은 누구나,'살기 위해 먹는지, 먹기 위해 사는지' 를 구분하지 못할 때가 있다. 그러니 그 밥을 달콤하게 만들면 그 인생이 달콤해진다. 정말이지, 나이가 들고 나니까 내 주변에는 맛있는 음식으로 낙을 삼는 사람들도 더러 보인다. 예전에 나는 감자밥을 많이 먹었는데, 이춘원 시인은 고구마밥을 많이 먹었는가 보다. '고구마밥' 이란 제목의 작품이 3편이나 눈에 띈다. 그 부제는 첫 편이 '인생을 달콤하게 사는 법' 이고 둘째 편은 '부부' 이며 셋째편은 '친구, 흰쌀과 고구마 같은' 으로 되어 있다.
해바라기가 피는 계절에는 또 '매미' 가 운다. 그에 대한 작품을 본다.

붉은 동백꽃을 송두리째 삼키고
고단한 섬사람들의 가슴에
울컥울컥 피를 토하게 하는
매미가 울고 있었다.

– '지심도에서 우는 매미' 중에서

'지심도' 는 거제도 인근에 있는 섬이란다. 동백나무가 많아서 '동백섬' 이라고도 부른다는데, 연인들이 많이 오기 때문에 '연인들의 섬' 이라는 별명도 지니고 있단다. 여기에서 말하는 '매미' 는 '나무에 붙어서 우는 매미' 일 뿐만 아니라, '중형급 태풍의 이름인 매미' 이기도 하다. 즉, 2003년 9월 6일에 발생하여 9월 13일 소멸한 중형급 태풍 이름이다. 어찌 태풍뿐이겠는가. 여름에는 홍수로 하여 재산 피해뿐만 아니라 인명 피해까지 입는다.

물이
길을 벗어나 제 뜻대로 흐르면
세상은 황톳빛 소용돌이에 휘둘려
아우성치는 아픔이 된다.

– '홍수' 중에서

물이 왜 제 길을 벗어나게 되는가. 그것은 모두 사람의 욕심 때문이다. 그렇기에 홍수는 천재지변이 아니라 사람에 의한 재해라고 해야 옳다. 여기에서 문득 '상선약수 수선리 만물부쟁 처중인지소오 고기어도' (上善若水 水善利萬物而不爭 處衆人之所惡 故幾於道)라는, 노자의 글이 떠오른다.

이는, '가장 좋은 것은 물과 같다. 물은 모든 것에게 잘 보탬이 되게 하면서도 다투지 않고 뭇 사람이 꺼리는 곳에 머무른다. 그 까닭에 길과 거의 같다.' 라는 뜻이다. '다투지 않는 물' 인데, 어찌 '뭇 생명들에게 아픔' 을 주겠는가. 그러니 이런 생태를 파괴하는 인간이 그 모든 책임을 져야 한다. 다시 말해서 '홍수' 로 인한 아픔은 우리가 우리 눈을 찌른 결과이다. 이제는 맨 마지막으로 되어 있는 제5부로 들어간다. 여기에서는 청각적 이미지가 나타난다. 여러 작품들 중 '공명'을 본다.

비어야 나는 것을
채우고 채우고 나서야
맑은 소리 기다렸구나
가슴이 비었을 때
진실의 울림이 있는 것

– '공명' 중에서

우리가 알고 있는 악기라는 것들은 그 모두 '빔' 을 지니고 있다. 그 '빔' 이 맑은 소리를 만들어 낸다. 그렇듯 우리도 가슴을 비우면 맑은 목소리를 지닐 수 있을 게다.

그런데 '빔'의 미학은 악기에서만 만나는 게 아니다. 노자는 다음과 같이 '빔'을 노래했다. '서른 개의 바퀴살이 하나의 바퀴통으로 향한다. 그 빔이 마땅하여 수레의 쓰임이 있다. 찰흙을 이겨서 그릇을 만든다. 그 빔이 마땅하여 그릇의 쓰임이 있다. 지게문과 들창을 뚫어서 방을 만든다. 그 빔이 마땅하여 그 방의 쓰임이 있다. 그 까닭에, 있음은 보탬을 삼으려고 하고 없음은 쓰임을 삼으려고 한다.(三十輻共一轂. 當其無 有車之用. 埏埴以爲器. 當其無 有器之用. 鑿戶牖以爲室. 當其無 有室之用. 故有之以爲利 無之以爲用. 삼십폭공일곡. 당기무 유거지용. 연식이위기 당기무 유기지용. 착호유이위실. 당기무 유실지용. 고유지이위리 무지이위용)'

이춘원 시인은 여러 악기 중에서도 '부는 악기' 에 대해서 좀더 큰 관심이 있어 보인다. 그 중에서 한 작품을 만나 본다.

네 목소리에는 고향이 묻어 있다
작은 몸짓에
떨리는 그 여운의 깊이는
네 울음이 아니요
네 노래도 아니다
살아 있는 네 향(香)이다

– '향피리의 노래' 중에서

이 작품에는 향피리에 대한 설명이 다음과 같이 붙어 있다. '향(鄕)피리는 세(細)피리 및 당(唐)피리와 전통음악에 사용되는 피리의 한 종류이고 지공(指孔)이 여덟이다. 향토적인 음색을 지닌 피리이다.' 라고, 그렇기에 이춘원 시인은
'고향이 묻어있다.' 라고 했다. 그런데 그 피리 소리는 '울음' 도 아니고 '노래'도 아니란다. 그것은 바로 '살아 있는 피리의 향' 이란다. 참으로 놀랍다. 청각적 감각을 훌쩍 뛰어넘어 후각적 감각에 이르고 있다. 시인의 감성이란 이렇게 예민한 법이다. 그러니 그 마음이 얼마나 여리겠는가. 남의 아픔을 함께 아파할 수밖에 없는 게 바로 시인의 마음이다. 이를 '측은지심' 이라고 한다.

3.

이 세상에서 우리의 삶이란 1회성이다. 그러므로 아름답게 살되, 뜨겁게 사는 게 좋을 것 같다. 저 뜨거운 태양 볕 아래에서 환하게 웃고 있는 해바라기처럼. 시인은 뜨거운 시를 창작한다. 어두운 밤을 하얗게 밝히며 시인의 길을 간다. 그 삶이 참으로 뜨겁다. 그러나 시를 쓴다고 하여 시인이 아니다. 시인이기에 시를 쓰는 거다. 그런데 글로 써야만 시가 되는 게 아니다. 몸짓으로도 시를 쓴다. 그것을 가리켜서 우리는 '춤' 이라고 한다. 춤에 대한 시 한 편을 본다.

빙글빙글 도는 너는
이 땅에 떠도는 한 맺힌 혼
아우르는 거룩한 몸짓
가벼워지는 걸음걸이에
가슴에 담긴 한이 녹아버리고
짓눌렀던 짐 하나 벗어짐이라

– '살풀이춤' 중에서

다 알고 있듯이, '살풀이'는 '흉살(凶煞)을 미리 피하도록 한다 하여 하는 굿' 을 말한다. 그리고 '흉살'이란 '불길한 운수나 흉한 귀신'을 이른다. 또, 살풀이굿을 할 때에 추는 춤이 '살풀이춤'이다. 다시 말해서 예로부터 우리나라 사람들은 그 해의 나쁜 운을 풀기 위해 굿판을 벌여 왔다. 그 때 무당이 즉흥적으로 나쁜 기운을 풀기 위해 펼친 춤을 '살풀이춤'이라고 한다.

도살풀이춤 이나 허튼춤 등이 모두 같은 이름이다. 원래는 수건춤 · 산조춤 · 즉흥춤 등으로 불리었으나, 춤꾼인 한성준이라는 사람이 1903년에 극장에서 공연을 하면서 '살풀이'란 말을 사용한 데서부터 '살풀이' 란 말이 널리 쓰이게 되었다고 한다. 춤꾼은, 고운 쪽머리에 비녀를 꽂고 백색의 치마저고리를 입으며, 하얀 수건을 들고 살풀이 곡조에 맞추어서 춤을 춘다. 지금 우리가 만날 수 있는 춤은, 경기지방과 호남지방에서 계승된 춤으로 알려져 있다.이 춤은 예술적 가치가 높은 우리 고전무용이라고 말할 수 있다.

나도 이 춤을 관망한 적이 있는데, 하늘을 향하여 날을 듯이 아주 열정적으로 춘다. 그러고 보면, 이를 가리켜서 '해바라기의 춤' 이라고 하여도 어울릴 듯싶다.'빙글빙글 돈다' 가 그렇고 '거룩한 몸짓'이 그러하며 '가슴에 담긴 한' 이 또한 그렇다. 그 모두, 해바라기가 지닌 이미지들이다. 특히 그 한이'까맣게' 익어서 떨어진다.

이 시집을 음미하는 데 있어서 '자서' 가 아주 큰 역할을 했다고 본다. 그래서 나는 그와 맥을 같게 하는 작품들을 골라서 징검다리처럼 디디며 여기까지 왔다. 끝으로 역시 이 시집은, 신앙시집이라고 해도 되겠구나 하는 느낌이 아주 강하게 들었다. 외적으로 그 냄새를 풍기지는 않았으나, 내재적인 그 색체가 그렇다는 말이다. 나는, 신앙이나 시까지도 삶의 한 방편에 속한다고 여긴다. 그것들이 삶의 목표가 되어서는 안 된다고 생각한다. 그렇기에 한 마디로 사람은, 무릇 그 삶이 아름다워야 한다. 이춘원 시인의 삶은 아름답다. 그러나 '아름다운 삶' 이 이런 방편의 연속선 위에 있느니만

큼 시 쓰는 일을 게을리 해서는 안 된다. 그런 뜻에서 이 시집의 결실을 축하해 마지않는다. 앞으로 이춘원 시인의 시세계가 더욱 아름답게 펼쳐지기를 마음 깊이 바라고 또 바란다.

해바라기

초판인쇄 2010년 12월 1일
초판발행 2010년 12월 1일

지은이 이춘원
펴낸곳 도서출판 우림
등 [illegible]2-4477호
전 화 (0[illegible]69-6680
팩 스 (02) 22[illegible]799
ISBN